BEI GRIN MACHT SICH IHR WISSEN BEZAHLT

- Wir veröffentlichen Ihre Hausarbeit, Bachelor- und Masterarbeit

- Ihr eigenes eBook und Buch - weltweit in allen wichtigen Shops

- Verdienen Sie an jedem Verkauf

Jetzt bei www.GRIN.com hochladen und kostenlos publizieren

Bibliografische Information der Deutschen Nationalbibliothek:

Die Deutsche Bibliothek verzeichnet diese Publikation in der Deutschen National-bibliografie; detaillierte bibliografische Daten sind im Internet über http://dnb.d-nb.de/ abrufbar.

Impressum:

Copyright © 2018 GRIN Verlag
Druck und Bindung: Books on Demand GmbH, Norderstedt Germany
ISBN: 9783668945319

Dieses Buch bei GRIN:

https://www.grin.com/document/470545

Christoph Kuhl

Trainingslehre Krafttraining. Erstellung eines Trainingsplans durch Meso- und Makrozyklusplanung

GRIN Verlag

GRIN - Your knowledge has value

Der GRIN Verlag publiziert seit 1998 wissenschaftliche Arbeiten von Studenten, Hochschullehrern und anderen Akademikern als eBook und gedrucktes Buch. Die Verlagswebsite www.grin.com ist die ideale Plattform zur Veröffentlichung von Hausarbeiten, Abschlussarbeiten, wissenschaftlichen Aufsätzen, Dissertationen und Fachbüchern.

Besuchen Sie uns im Internet:

http://www.grin.com/

http://www.facebook.com/grincom

http://www.twitter.com/grin_com

Deutsche Hochschule für

Prävention und Gesundheitsmanagement

Hermann Neuberger Sportschule 3

66123 Saarbrücken

Einsendeaufgabe

Fachmodul:	Trainingslehre 1
Studiengang:	Bachelor of Arts Fitnessökonomie
Datum Präsenzphase:	26.2.2018 – 1.3.2018
Name, Vorname:	Kuhl, Christoph
Studienort:	**Hamburg**
Semester:	**WS2017**

1

Inhaltsverzeichnis

1 Diagnose

Tabelle 1: Anamnesedaten des Kunden

Alter	21 Jahre
Geschlecht	Männlich
Größe	190cm
Gewicht	85kg
Körperfettanteil	21,2%
Trainingsmotive	Muskeln aufbauen, Körperfettanteil senken Blutdruck senken Gut aussehen für den Urlaub im August
Berufliche Tätigkeit	Verwaltungsfachangestellter, vorwiegend sitzend im Büro
Aktuelle und frühere sportliche Aktivitäten	Seit 10 Jahren Fussball im Verein, aktuell nur noch in der Hobbymannschaft 1x pro Woche 2 - 3x pro Woche 90 min. Kraftsport, allerdings ohne Trainingsplan, seit 2 Jahren
Zeitlicher Verfügungsrahmen	4x pro Woche bis zu 90 Minuten
Blutdruck	151mmHg/ 86mmHg
Allgemeiner Gesundheitszustand	Unser Kunde hat bis auf seinen erhöhten Blutdruck keine Probleme, die für eine Einschränkung im Training sorgen.

Ausgehend von den Werten des Anamnesebogens, die in Tabelle 1 noch einmal zusammengefasst wurden, gibt es keine Risiken die für eine eingeschränkte Belastbarkeit im Training sprechen. Bis auf das Medikament Catapresan 75, welches den Blutdruck senkt, nimmt der Patient keine Medikamente ein. Eindeutig formulierte Ziele und geregelte Arbeitszeiten des Kunden bieten gute Vorraussetzungen für ein regelmäßiges Training.

Der Blutdruck liegt mit 151/86 mmHg im Bluthochdruck Bereich der Stufe 1 (Eifler, Israel, 2014, S. 173). Auch für Hypertonie Patienten ist ein gesundheitsorientiertes Krafttraining positiv zu bewerten, da es viele positive Effekte auf die Gesundheit hat (Pauls, 2014, S. 137).

1.1 Krafttestung

Da der Kunde angibt, seit 2 Jahren regelmäßig Kraftsport zu machen, kann davon ausgegangen werden, dass er höhere und intensivere Belastungen gewöhnt ist.

In Bezug auf eine Krafttestung im Freizeitsportbereich eignen sich wenig aufwändige und einfach zu handhabende Kraftmessungen (Bös1987; Bös und Mechling, 1983).

Für unseren Kunden wird das X-RM (Mehrwiederholungskrafttest) Testverfahren genutzt. Mehrere Experten empfehlen, für die Bestimmung der submaximalen Trainingsintensität im Training nicht den Maximalkrafttest, sondern die im Training vorgegebene Anzahl an Wiederholungen unter Maximaler Intensität zu testen. (Marshall & Fröhlich, 1999, S. 311)

Ziel dieses Testverfahrens ist die Ermittlung des maximal bewältigbaren Gewichtes für eine festgelegte Wiederholungszahl. Dieses Gewicht richtet sich in den meisten Fällen nach der Wiederholungszahl, nach der im folgenden Mesozyklus, je nachTrainingsziel (Maximalkrafttraining, Muskelaufbautraining oder Kraftausdauertraining), trainiert werden soll. (Strack&Eifler, 2005)

Dadurch lässt sich die spätere Trainingsplanung auf der ILB Methode aufbauen. Für die Risikobewertung einer arteriellen Hypertonie wird nach Empfehlung der WHO (1999, S. 151-184) nicht mehr alleine der Blutdruck herangezogen, sondern das gesamte Risikoprofil des Kunden. Zu den Risikofaktoren zählen unter anderem Adipositas, Rauchen, Diabetes mellitus, übermäßiger Alkoholkonsum, Stress, falsche Ernährung, und ähnliches (Steffel & Lüscher, 2011, S.24). Da unser Kunde jedoch von keinem dieser Risikofaktoren betroffen ist, besteht trotz Hypertonie ein niedriges Risiko hinsichtlich des Krafttrainings.

Am Anfang des Tests startet der Kunde mit einem allgemeinen Aufwärmprozess.

Nach Kundenvorliebe erfolgt das Aufwärmen auf dem Laufband für 15 Minuten mit steigender Intensität. Das allgemeine Aufwärmen verbessert unter anderem die Durchblutung und erhöht die Sauerstoffaufnahme der Muskeln (Wagner, 2011). Nach dem allgemeinen Aufwärmen folgt das spezielle Aufwärmen für die Muskulatur, die im Folgenden beansprucht wird. Diese Aufwärmsätze werden mit reduziertem Gewicht ausgeführt. Anschließend werden 3 Teststätze mit hoher Intensität durchgeführt, in denen der Kunde die Übung unter maximalem Kraftaufwand durchführt. Die Satzpausen zwischen den Testsätzen sollten mindestens 3 Minuten dauern. Sie dienen der Teilregeneration der Muskulatur.

Nach jedem Satz wird die Intensität bei Bedarf um 5 %, 10 % oder 25%, je nach subjektivem Belastungsempfinden erhöht. Ist das Gewicht nicht mit der vorgegebenen Wiederholungszahl zu bewältigen, wird das Gewicht reduziert. Da unser Kunde einen nach einem 2er Split trainiert, wird der Test für jeden Trainingstag an unterschiedlichen Tagen zur gleichen Zeit (18Uhr) durchgeführt.

Tabelle 2: Ergebnisse des X-RM Tests „Push"

Übung	Satz 1	Satz 2	Satz 3	Ergebnis
Langhantel Flach-bankdrücken	70kg	71kg	71,5kg	71,5kg
Langhantel Schul-terdrücken	40kg	41kg	42kg	52kg
Kurzhantel Seithe-ben	2*10kg	2*12kg	2*12kg	2*12kg
Langhantel Bank-drücken mit engen Griff	30kg	31kg	32kg	32kg
Trizepsdrücken am Seil	50kg	52kg	54kg	64kg
Langhantel Knie-beuge	100kg	95kg	97,5kg	97,5kg
Donkey Wadenhe-ben an der Bein-presse	120kg	125kg	127,5kg	137,5kg
Russian Twist mit einer Gewicht-	20kg			20kg

scheibe				

Tabelle 3: Ergebnisse des 1-Rm Tests „Pull"

Übung	Satz 1	Satz 2	Satz 3	Ergebnis
Klimmzüge	Subjektives	Belastungs	empfinden	!!!!!
T- Hantel Rudern	70kg	71kg	72kg	72kg
Kurzhantel Rudern einarmig	34kg	36kg	38kg	38kg
Kreuzheben mit einer Langhantel	110kg	115kg		115kg
Langhantel Curls mit der SZ Stange	30kg	31kg	32kg	32kg
Crunches	20kg	20kg	20kg	20kg

Schlussfolgerungen auf den X-RM Tests des Kunden

Möglichkeit des interindividuellen Leistungsvergleichs:

Da sehr viele Einflussfaktoren und Störgrößen auf unseren X-RM Test einwirken ist es nahezu unmöglich aussagekräftige Referenz, bzw. Normwerte zur Vergleichbarkeit mit anderen Personen, die ähnliche Vorraussetzungen mitbringen ??????????????**zu treffen.**

Möglichkeit des intraindividuellen Leistungsvergleichs:

Unter der Voraussetzung einer ausreichend hohen Standardisierung des Testablaufs und hoher Kontrolle der Störgrößen, die auf den Test einwirken, kann der X-RM Test durchaus als Methode zum Leistungsvergleich dienen.

Für unseren Kunden macht es auf Grund seiner Ziele Sinn, in regelmäßigen Abständen sein maximales Trainingsgewicht für die einzelnen Wiederholungen mit der selben Wiederholungszahl, wie in der ersten Krafttestmessung, zu wiederholen. Dadurch kann der Trainingserfolg des Kunden messbar gemacht werden.

6

Des Weiteren lässt sich der Blutdruck in regelmäßigen Abständen unter möglichst gleichen Bedingungen (Tageszeit, Stresslevel, etc.) messen. Im Sinne des Fortschrittes sollte sich dieser Schrittweise dem Idealbereich von 120-/80 mmHg annähern.

Möglichkeit zur Ableitung von Trainingsintensitäten:

Den Ansatz zur Ermittlung der Trainingsintensität spiegelt sich für den Kunden in der Individuellen-Leistungsbild-Methode wider. Bei dieser Methode wird in den ersten 36 Monaten zwischen „Anfänger" bis zu „Leistungstrainierender" unterschieden. Somit lässt sich je nach Leistungsstand des Kunden eine unterschiedliche Intensität empfehlen. In Aufgabe 3 wird genauer auf die Trainingsintensität des Kunden eingegangen.

2 Zielsetzung

Tabelle 4: Ziele des Kunden

Inhalt	Ist Zustand	Ausmaß	Zeit
Blutdruck senken	151/86	Systolischer Wert -12	10-12 Monate
Muskelmasse aufbauen	60kg	+3kg Muskelmasse	Monat 4-10
Körperfettanteil senken	21,8%	-4% Fettanteil	Monat 1-4

Primär geht es dem Kunden um die Senkung des Blutdrucks. Der systolische Blutdruck liegt bei 151. Deshalb wird er unter Hypertonie Stufe 1 eingestuft. Bisher erfolgte die Behandlung über das Medikament Catapresan 75. Auf Empfehlung des Arztes soll nun versucht werden, den Blutdruck durch regelmäßiges Krafttraining zu senken und somit die Einnahme des Medikamentes auf längere Sicht abzusetzen. Dieses Ziel soll in den nächsten 10-12 Monaten erreicht werden. Zu den positiven Effekten des Krafttrainings gehören unter anderem die verbesserte Kapillarisierung der Skelettmuskulatur und die Senkung des peripheren Gefäßwiderstandes.

Da wir nach dem Eingangsgespräch davon ausgehen, dass in den ersten 2 Jahren das Krafttraining unregelmäßig verlief und dementsprechend kaum Muskelwachstum stattfand, ist dieser Wert durchaus realistisch. Um die Motivation des Kunden aufrecht zu erhalten, wurden die 3kg in kleinere monatliche Zwischenziele gesetzt. Sein monatliches Ziel ist es, 0,5kg Muskelmasse aufzubauen. Das Erreichen des Zwischenziels wird monatlich auf einer Tanita BC 601Waage im Studio überprüft. Aufgrund seines Strandurlaubs soll der Muskelaufbau in den Monaten 4-10 stattfinden.

Als drittes Ziel ging aus dem Eingangsgespräch die Senkung des Körperfettanteils heraus. Dieser liegt mit 21,8% leicht über dem Normbereich für einen 20-jährigen Mann. Da er im August in den Urlaub fliegt, möchte er bis dahin seinen Körperfettanteil senken und „definierter werden". Als Richtwert wurde eine Senkung des Körperfettanteils auf 18% ausgemacht.

3 Makrozyklusplanung

Tabelle 5: Makrozyklus

	Kraftausdauertrainig	Muskelaufbautrainig (extensiv)	Muskelaufbautrainig (intensiv)	Maximalkrafttrainig (extensiv)
Zyklusdauer	6 Wochen	8 Wochen	6 Wochen	6 Wochen
Wiederholungen	20	12	10	5
Einheiten/ Woche	2 – 3	4	4	4
Übungen/ Muskelgruppe	2	2 – 3	2 – 3	1 – 2
Organisation	Ganzkörper/ Circuit	2er Split/ Station	2er Split/ Station	2er Split/ Station
Sätze/ Übung	2	2 – 4	2 – 4	2 - 3
Intensität	70% ILB	80% ILB	80-90% ILB	90% ILB
Satzpausen	30sek	90sek	90 - 120sek	120sek
Bewegungstempo	2/0/2 sek	2/0/2 sek	2/0/4 sek	2/0/2 sek

Je nach Leistungsstand des Kunden schlagen Kempf & Strack eine unterschiedliche Organisationsform des Trainings vor. Die Leistungsstufe wird anhand der Trainingsmonate des Kunden gemessen. Hierbei wird in den ersten 36 Monaten von „Beginner" bis zu „Leistungstrainierender" unterschieden. Anhand dieser Einordnung kann die Periodisierung im Training gestaltet werden. Faktoren hierfür sind unter anderem Trainingseinheiten pro Woche, Übungen pro Muskelgruppe, oder die Anzahl der Sätze pro Übung (Kempf & Strack, 2001, S. 40-41). Die nachfolgende Tabelle stellt ein Grobraster zur Trainingsplanung nach der ILB-Methode dar.

Leistungs-stufe	Zeitstufe (Monate)	Org.-form	Einhei-ten/Woche	Übun-gen/Muskel	Sätze/ Übungen	Intensität in % ILB
Orientie-rungsstufe	0 - 1,5	GK	2	1 – 2	1 – 2	gering
Beginner	1,5 - 6	GK	2	1 – 2	1 – 2	50 – 70
Geübter	6 - 12	GK	2 - 3	2	2	60 – 80
Fortge-schrittener	>12	GK / Split	3 - 4	1 – 3	2 – 3	70 – 90
Leistungs-trainieren-der	<36	GK / Split	3 - 6	1 – 4	2 – 4	80 - 100

In unserem Beispiel sollte der Kunde durch seine Vorerfahrung im Krafttraining (2 Jahre) 3-4 Trainingseinheiten mit 1-3 Übungen pro Muskeln und 2-3 Sätzen in einem Intensitätsbereich von 70-90% absolvieren. Der Mesozyklus wird in Aufgabe 4 genauer erläutert.

Da unser Kunde angibt, bereits seit 2 Jahren Krafttraining zu betreiben, dies jedoch meist ohne Kontinuität oder angemessenen Trainingsplan gemacht hat, starten wir mit einem Training im Kraftausdauer Bereich. „Kraftausdauer wird definiert als die Fähigkeit, bei einer bestimmten Wiederholungszahl von Kraftstößen innerhalb eines definierten Zeitraumes die Verringerung der Kraftstoßhöhen möglichst gering zu halten." (Martin et al., 1993, S. 109)

Durch ein Training im hohen Wiederholungsbereich ist die Bildung von Laktat ebenfalls erhöht. Das Laktat sammelt sich bei Belastung in der beanspruchten Skelettmuskulatur an. Bei zu hoher Konzentration kommt es zu einer Übersäuerung der Muskulatur und zum Muskelversagen. Ab diesem Zeitpunkt ist keine weitere Wiederholung mehr möglich. Jedoch ist es möglich, diese Übersäuerung der Muskulatur hinauszuzögern, indem die sogenannte „Säuretoleranz" der Muskulatur verbessert wird. Dies kann ein Kraftausdauertraining bewirken. Durch die hohe Bildung von Laktat im Training kann sich die Muskulatur besser darauf einstellen und wird resistenter. Dies hat ebenfalls positive Effekte auf das spätere Training unseres Kunden im Hypertrophie, bzw. Maximalkrafttraining, so dass er auch hier mehr Wiederholungen machen kann, bevor es zum Muskelversagen kommt (Alexander Moeksis, *2016*).

Kraftausdauertraining erhöht außerdem die Kapillarisierung der Blutgefäße im Körper und sorgt somit für eine verbesserte Nährstoffversorgung der Muskeln in den einzelnen Zellen (Martin, Carl & Lehnertz, 1993)

Hinsichtlich des erhöhten Blutdrucks gibt es keine großen gesundheitlichen Einschränkungen. Nach Fleck hat Krafttraining durchaus positive Aspekte hinsichtlich des Blutdrucks. So kann ein Krafttraining durch die gesundheitsförderlichen Adaptationen, wie zum Beispiel Abnahme des Körperfettanteils, des Kochsalzanteils oder die verbesserte Kapilarisierung den Blutdruck senken. (Fleck 1994; Fleck & Kraemer 2004)

Unser Kunde trainiert in diesen ersten 6 Wochen im Kraftausdauertrainingszirkel. Dieser Zirkel beinhaltet ein bis zwei Übungen pro Muskelgruppe und sollte zweimal durchlaufen werden. Zwei bis dreimal in der Woche mit mindestens einem Tag Pause zwischen den Trainingstagen reizen den Muskel ideal. Da unser Kunde um 16:30Uhr Feierabend hat und außer einem Fussballspiel am Wochenende keine zeitlichen Einschränkungen hat, sollte er mit dieser Organisationsform des Trainings keine Probleme bekommen.

Nach den 6 Wochen Training im Kraftausdauertraining sollte der Kunde durch einen neuen Mesozyklus sein Training umstellen. Nicht nur die Organisationsform von einem Ganzkörper-Zirkeltraining zu einem 2er Split im Freihanteltrainingsbereich ändert sich, sondern auch die Intensität und der Wiederholungsbereich. In den nächsten insgesamt 14 Wochen trainiert der Kunde in einem Wiederholungsbereich zwischen acht und zwölf Wiederholungen mit einer Intensität zwischen 80 – 90% seiner 1 RM- Kraft. Diese wird vor jedem neuen Mesozyklus durch die ILB- Methode gemessen. Aufgrund der regelmäßigen Arbeitszeiten unseres Kunden, dürfte die Umstellung auf 4 Einheiten in der Woche kein Problem darstellen.

Ausgehend davon, dass unser Kunde als Fortgeschritten eingestuft wird (ILB Methode, länger als 2 Jahre Trainingserfahrung) ist ein muskelaufbauorientiertes Trainingsprogramm mit 8-12 Wiederholungen zielführend. Die Häufigkeit von 4 Trainingseinheiten pro Woche orientiert sich an Trunz Ansatz im gesundheitsorientierten Fitness-Training. (Trunz et al., 2002, S. 25). In Aufgabe 4 soll der erste Mesozyklus des Hypertrophie-Trainings noch näher erläutert werden. Der Hypertrophie Trainingsblock deckt mit insgesamt 14 Wochen den größten Teil der Trainingsperiodisierung im ersten halben Jahr. Grund dafür ist, dass der Kunde angegeben hat, Muskeln aufbauen zu wollen. Da dies am effektivsten in einem Wiederholungsbereich von ca. 6 -15 Wiederholungen mit einem schweren Gewicht trainiert werden kann (Boeckh-Behrens et al., 2002, S.47), wird mit einem Gewicht von 80 – 90% des 1-RM Tests gearbeitet. Das Gewicht, welches sich an der Krafttestung orientiert und sich progressiv steigern sollte, wird zwischen den beiden Mesozyklen im Hypertrophiekrafttraining durch die ILB-Methode neu bestimmt. Für den maximalen Trainingserfolg wird das Training immer weiter von einem umfangsorientierten Training zu einem intensitätsorientierten Training umgestellt (Kraemer& Fleck, 2007, S. 12-15)

Den Abschluss unseres Makrozyklus bildet ein extensives Maximalkrafttraining. Hier wird mit einer hohen Intensität trainiert, wobei die sog. mehrgelenkigen Übungen, wie zum Beispiel Kniebeugen, oder Bankdrücken im Vordergrund stehen sollen. Primär wurde dieser Zyklus nach einer längeren Hypertrophie Trainingsphase ausgewählt, um die maximale Kraft, die der Kunde auf wenige Wiederholungen aufbauen kann zu verbessern. Des Weiteren steht der Kunde in dieser Trainingsphase kurz vor seinem Urlaub und möchte definiert für diesen Aussehen.

Für die weitere Planung kann überlegt werden, die Intensität weiter zu steigern und in ein intensives Maximalkrafttraining zu gehen. Es wäre aber auch möglich, den Umfang des Trainings wieder zu steigern. Hierfür würde sich ein Wechsel in ein Hypertrophie Training anbieten. In jedem Fall sollte jedoch nach dem Mesoyzklus des Maximalkrafttrainings, evtl. explizit für den Kunden nach seinem Urlaub, eine neue Krafttestung stattfinden, um das ideale Gewicht für unseren Kunden zu ermitteln und den Trainingserfolg zu sichern.

4   Mesozyklusplanung

Tabelle 6: Mesozyklus 2; Trainingsplan „Push"

Übung	Sätze	Wiederholungen	Gewicht	Pause
Langhantel Flach-bankdrücken	4	12		90sek
Kurzhantel Schrägbankdrücken	3	12		90sek
Langhantel Schul-terdrücken	3	12		90sek
Kurzhantel Seithe-ben	2	12		60sek
Trizepsdrücken am Seil	2	12		90sek
Langhantel Knie-beuge	4	12		120sek
Donkey Wadenhe-ben an der Bein-presse	3	12		60sek

Tabelle 7: Mesozyklus 2; Trainingsplan „Pull"

Übung	Sätze	Wiederholungen	Gewicht	Pause
Klimmzüge	3	Maximal 12	Eigenes Kör-pergewicht	90sek
T- Hantel Rudern	3	12		90sek
Kurzhantel Rudern einarmig	3	12		90sek
Langhantel Kreuz-heben	3	12		120sek
Langhantel Curls mit der SZ- Stange	3	12		90sek
Crunches	3	Maximal 12		60sek

Bei einem Split-Training werden verschiedene Muskelgruppen an unterschiedlichen Tagen trainiert. Diese Form der Trainingsplanung ist ideal, um Muskeln mit einem höheren Trainingsvolumen und einer höheren Konzentration zu trainieren. Ausschlaggebend für den Split-Plan ist der zeitliche Verfügungsrahmen unseres Kunden.

Da der Fokus auf einem hohen Trainingsreiz liegt, wird jede Übung im Mehrsatztraining trainiert. Mehrere Studien konnten eindeutig den Vorteil eines Mehrsatztrainings und dem damit verbundenen größeren Reiz auf den Muskel gegenüber einem Einsatztraining belegen (Mc Bride, et al, 2008). Für unser Beispiel der Mesozyklusplanung wurde der Trainingsplan in zwei verschiedene Tage aufgeteilt. Die Namen „Push" und „Pull" ergeben sich aus den Übungen, welche an den jeweiligen Trainingstagen durchgeführt wird. Somit trainiert unser Kunde am ersten Tag hauptsächlich Übungen, die er vom Körper wegdrückt. Dabei wird vor allem die Brustmuskulatur (M. pectoralis Major, M. pectoralis minor), die Schultermuskulatur (M. Deltoideus) und der M. Trizeps Brachii trainiert. Zur Kräftigung der Beinmuskulatur werden Kniebeugen und Donkey Wadenheben an der Beinpresse durchgeführt.

Der zweite Trainingstag zeichnet sich durch Übungen ab, in denen der Kunde das Gewicht zu sich hinzieht. Dabei wird vor allem die Rückenmuskulatur (u.a. M. Trapezius, Latissimus dorsi), der M. Bizeps Brachii und der Brachioradialis trainiert. Des Weiteren wird an diesem Tag der Bauch trainiert. Da unser Kunde angegeben hat, sich vor 2 Jahren das Kreuzband gerissen zu haben, wird zusätzlich für diese Problemzone der Beinbeuger und der Beinstrecker am Kabelzug trainiert. Hierauf wird in der Übungsauswahl genauer eingegangen. Unser Kunde hat durch seine 2 Jahre Training und dem ersten Mesozyklus bereits genügend Trainingserfahrung, um ein Training im Freihantelbereich koordinativ zu bewältigen. Dadurch dass die Bewegung nicht mehr durch Maschinen vorgegeben ist, muss der Kunde in seinem Training das Gewicht von sich aus in die korrekte Bewegung bringen. Die dabei benötigte intramuskuläre Koordination ist eine zusätzliche Komponente, die das Training schwieriger macht. Diese Form des Trainings hilft unserm Kunden u.a. für sein Hobby, Fußball zu spielen, die Körperspannung auch auf dem Feld aufrecht zu erhalten und seine Gegenspieler falls nötig mit dem eigenen Körper abzuschirmen.

Nach einem allgemeinen und einem speziellen Aufwärmen trainiert der Kunde als erste Übung Bankdrücken mit einer Langhantel. Beim Bankdrücken handelt es sich um eine mehrgelenkige Übung, die sowohl Brust und die vordere Schultermuskulatur, wie auch den Trizeps trainiert. Durch die große Bandbreite an beanspruchten Muskeln können wir in der Brustmuskulatur, der Schultermuskulatur und dem Trizeps eine Muskelerschöpfung verursachen. Als zweite Übung steht Kurzhantel Schrägbankdrücken auf dem Trainingsplan. Hierbei soll v.a. die Brustmuskulatur bis zum Muskelversagen trainiert werden. Nach insgesamt 7 Sätzen für die Brust, bei der die Schultermuskulatur ebenfalls vorerschöpfend trainiert wurde, liegt der Fokus auf Übungen für die Schulter. Dabei wird auch wieder mit einer mehrgelenkigen Übung, dem Schulterdrücken, gestartet. Vorteil beim Schulterdrücken mit der Langhantel ist die komlexe Beanspruchung der Muskulatur. Dabei müssen alle Muskeln des Oberkörpers entweder direkt beteiligt oder stabilisierend mitwirken. Als ergänzende Isolationsübung wird das Seitheben mit der Kurzhantel trainiert. Diese Übung trainiert vor allem die seitlichen Delta Muskeln (M. Deltoideus pars acromialis. Für den Trizeps wurde das Trizepsdrücken am Seil ausgewählt. Da nicht viel Gewicht benötigt wird, um den Muskel zum Versagen zu bringen, eignet sich diese Übung sehr gut und ist nahezu gefahrenfrei ausführbar.

Für die Beine stehen Kniebeugen und Donkey Wadenheben an der Beinpresse auf dem Plan. Kniebeugen erfordern es, eine Spannung im ganzen Körper aufzubauen, die über den gesamten Bewegungsradius (Range of Motion) aufrecht gehalten werden muss. Da unser Kunde angab, Probleme mit dem Kreuzband zu haben, sollte in der Flexion des Kniegelenkes darauf geachtet werden, nicht zu tief zu gehen. Vorteil gegenüber der Beinpresse ist es, dass in dieser Übung alle Muskeln stabilisierend mithelfen. Zusätzlich kann dem Kunden durch den Aufbau von Muskulatur in den Beinen Stabilisation im Kniegelenk gegeben werden, die das Kreuzband entlasten.

Am zweiten Trainingstag liegt der Fokus des Trainings auf der Rückenmuskulatur. Auch an diesem Trainingstag beginnt das Training wieder mit einem allgemeinen Aufwärmen. Da das Training mit Klimmzügen ohne Gewicht beginnt, kann hier auf ein spezielles aufwärmen verzichtet werden und direkt mit den Arbeitssätzen begonnen werden. Klimmzüge wurden deshalb ausgewählt, weil sie sehr effektiv den gesamten Oberkörper trainieren und für die Wirbelsäule und die Bandscheiben sehr schonend sind. Da hier mit Zusatzgewicht noch keine 12 Wiederholungen möglich sind, werden die Klimmzüge vorerst mit dem eigenen Körpergewicht ausgeführt. Die anschließenden Ruderübungen stärken primär die Rückenmuskulatur, sodass der Kunde die Belastung auf die Wirbelsäule und die Bandscheiben als Folge des langen und eventuell auch falschen Sitzens nach einiger Zeit durch einen starken Rücken präventiv vorbeugen kann.

Im Anschluss wird mit Kreuzheben die gesamte bein, rücken und rumpfstabilisierende Muskulatur trainiert. Aus diesem Grund eignet sich diese mehrgelenkige Übung ideal für Menschen, die eine schlechte Haltung haben, oder viel im Büro sitzen (Müller, Sebastian, *Dein erster Deadlift – 10 Gründe warum Kreuzheben in jeden Trainingsplan gehört.* Zugriff am 12.3.2018 um 16:34. verfügbar unter: https://www.vereinfachedeintraining.com/dein-erster-deadlift-10-grunde-warum-kreuzheben-in-jeden-trainingsplan-gehort/).

Da wir in allen Zugübungen für den Rücken den M. Bizeps Brachii vorerschöpft haben, macht es Sinn, diesen nun isoliert zu trainieren und ein Muskelversagen in diesem Muskel zu provozieren. Dies trainiert unser Beispiel durch Langhantel Curls mit der SZ Stange und Hammercurls. Da unser Kunde in seinem Arbeitsalltag vorwiegend sitzt, fiel die Auswahl auf Übungen, die im Stehen ausgeführt werden. Die Übung wird mit einer SZ Stange ausgeführt, da diese gegenüber einer herkömmlichen Langhantel schonender für die Gelenke ist.

Beim anschließenden Bauchtraining liegt der Fokus darauf, dass sowohl die „geraden Bauchmuskeln" (M. Rectus abdominis), als auch die „schräge Bauchmuskulatur" (M. obliquus externus abdominis) trainiert wird. Hierfür wurden die Übungen Toes to Bar und Russian Twist ausgewählt. Da unser Kunde noch keine 12 Wiederholungen in allen drei Sätzen schafft, trainiert er vorerst bis zum Maximum. Hierbei sollte er sich aber auch progressiv steigern. Alternativ könnte man statt Toes to Bar erst mit Knie heben anfangen. Russian Twist eignet sich ideal, da diese Übung ein hohes Maß an Koordination fordert, und der gesamte Rücken anspannt werden muss, um die Position zu halten.

Speziell um die Muskulatur rund um das Knie zu stärken, wurden für unseren Kunden noch das Beinbeugen und Beinstrecken am Kabelzug mit in den Trainingsplan aufgenommen. Diese Übungen fordern nicht nur die streckende, bzw. beugende Muskulatur des gerade trainierten Beins, sondern gleichzeitig die Stabilität des Beins, welches dieser Übung für einen festen Stand benötigt wird. Bei diesen Übungen geht es primär nicht darum, durch ein hohes Gewicht bis zum Muskelversagen zu trainieren, sondern darum die Muskulatur ums Knie herum zu stärken, und dem Knie mehr Halt zu geben um den Belastungen, auch in z.B. einem Fussball Spiel stand zu halten.

Für den folgenden Mesozyklus, indem weiterhin im Hypertrophie Bereich trainiert wird, wäre es sinnvoll, andere Übungen auszuwählen, um für den Körper neue Reize zu setzen und den Körper wieder neu zu fordern. Auch hierfür sollte allerdings eine Krafttestung vorausgehen, um die richtigen Gewichte zu wählen.

5 Effekte des Krafttrainings bei Diabetes Mellitus Typ 2

Vorgestellt werden nun zwei Studien, die den Effekt eines Kraft-, bzw. Audauertrainings auf die Prävention von Diabetes Mellitus Typ 2 untersuchen. In beiden Studien konnten positive Effekte festgestellt werden.

Tabelle 8: Studie „A Prospective Study of Weigtht Training and Risk of Type 2 Diabetes Mellitus in Men" von Anders Grøntved et al. (2012)

Studie 1	
Name der Studie	A Prospective Study of Weight Training and Risk of Type 2 Diabetes Mellitus in Men
Autor/en	Anders Grøntved et al
Versuchspersonen	32.000 Männer, aller Altersklassen, die in 3 Gruppen aufgeteilt wurden
Publikationsjahr	2012
Versuchsaufbau	Die Versuchspersonen wurden in 3 Gruppen aufgeteilt. Gruppe 1 trainierte bis maximal 60 min. pro Woche. Gruppe 2 für 61 – 149 min. pro Woche. Die 3. Gruppe trainierte mindestens 150 min. pro Woche. Des Weiteren wurde zwischen Kraft- und Ausdauertraining oder einer Kombination aus beidem unterschieden. Die Studie wurde insgesamt über 18 Jahre durchgeführt.
Ergebnisse und Schlussfolgerungen	Gruppe 1: Bei den Testpersonen, die ein Krafttraining durchgeführt haben, hat sich das Diabetes Risiko um 12% gesenkt. Bei denen die ein Ausdauertraining durchgeführt haben hat sich das Risiko um 7% gesenkt. Gruppe 2: Die ein Krafttraining durchgeführt haben, hatten ein vermindertes Risiko um 25%, die ein Ausdauertraining durchführten um 31% Gruppe 3: Gruppe 3 hatte eine Risikominderung an Diabetes Mellitus Typ

	2 zu erkranken von 34% durch Krafttraining und von 52% durch ein Ausdauertraining. Der Ideale Schutz bietet eine Kombination aus Ausdauer und Krafttraining. Sie senkt das Risiko um bis zu 59%.

Tabelle 9: Studie „Strength training improves muscle quality and insulin sensitivity in Hispanic older adults with type 2 diabetes von Brooks et al. (2007).

Studie 2	
Name der Studie	Strength training improves muscle quality and insulin sensitivity in Hispanic older adults with type 2 diabetes
Autoren	Brooks N, Lyne, JE, Gordon PL, Roubenoff R, Nelson ME, Castaneda-Sceppa C
Versuchspersonen	26 Personen hispanischer Abstammung (55 Jahre und alter) die an Diabetes mellitus Typ 2 erkrankt sind.
Publikationsjahr	2007
Versuchsaufbau	Die Krafttrainingsgruppe führt regelmäßig ein Krafttraining durch (35Min.). Der Glucosewert des Blutes wurde vor und nach dem Training gemessen. Die Kontrollgruppe führte kein Krafttraining durch. Während der Studie wurden alle Teilnehmer regelmäßig vom Arzt untersucht.
Ergebnisse und Schlussfolgerungen	Bei der Krafttrainingsgruppe sind folgende Ergebnisse gemessen worden: Verbesserte Maximalkraft im Oberkörper: + 2Kg; Verbesserte Maximalkraft im Unterkörper + 19Kg; Aufbau fettfreier Muskelmasse um + 0.3 Kg; Verbesserte Insulinsensitivität Verbesserung des Blutdrucks sowohl diastolisch, wie auch systolisch

6 Literaturverzeichnis

Boeckh-Behrens, W-U., Buskies, W. & P. Beier, P. (2002). Fitness-Krafttraining. Die besten Übungen und Methoden für Sport und Gesundheit (6. Aufl.) Reinbeck bei Hamburg: Rowohlt.

Eifler, C. & Israel S. (2014): Studienbrief Psychologie des Gesundheitsverhaltens. Saarbrücken: Deutsche Hochschule für Prävention und Gesundheitsmanagement

Fleck, S. J. & Kraemer, W. J. (2004). Designing resistance training programs (3ed.). Champaign, Illinois Human Kinetics

Grøntved, A, MPH, Msc; Eric B. Rimm, ScD; Walter C. Willett, MD, DrPH; et al.
(2012) A Prospective Study of Weigtht Training and Risk of Type 2 Diabetes Mellitus in Men
Zugriff am 14.3.2018 um 16:55Uhr. Verfügbar unter:
https://jamanetwork.com/journals/jamainternalmedicine/fullarticle/1307571

Haber, P. (2005): Leitfaden zur medizinischen Trainingsberatung. Rehabilitation bis Leistungssport. Springer Verlag, Wien, New York, 11 – 35.

Honkola A., Forsen T. & Eriksson, J, (1997). Resistance training improves the metabo lic profile in individuals with type 2 diabetes. Acta Diabetologia, 34, 245-248. Springer Verlag. Zugriff am 14.3.2018 um 9:34Uhr. Verfügbar unter: https://link.springer.com/article/10.1007/s005920050082

Levinger I., Goodman C., Hare D.L., Jerums G., Toia D., Seilig S. (2009). The reliability of the 1RM strength test for untrained middle-aged individuals. Journal of Science and Medicine in Sport 12, 310 – 316

Kempf, H.D. & Strack, A. (2001). Der Hantel-Krafttrainer. Reinbeck: Rowohlt Verlag

Kraemer, W. J. & Fleck, S. J. (2007). Optimizing strength training. Designing nonlinear periodization workouts. Champaign, Ill: Human Kinetics.

Marcus, R.L.,Smith, S., Morrell, G., Addisson, O., Dibble, L.E., Wahoff-Stice, D.,
    Lastayo, P.C. (2008). Comparison of combined aerobis und high-force eccentric
    resistance exercise with aerobic exercise only for people with type 2 diabetes
    mellitus. Journal of the American Physical Therapy Association, 88,
    S. 1345 - 1354

Martin, D., Carl, K. & Lehnertz, K. (1993). Handbuch Trainingslehre (2. Aufl.).
Schorn-   dorf: Hofmann.

Mc Bride,, J. M., Mc Caulley,, G. O., Cormie, P., Nuzzo, J. L., Cavill, M. J. & Triplett,
    N. T. (2008). Comparison of methods to quantify volume during resistance
    exercise. Journal of Strength and Conditioning Research, 23 (1), 106-110.

Moeksis, Alexander, 2016, Vorteile des Kraftausdauertrainings
        Zugriff am 9.3.2018 um 19:59. Verfügbar unter:
        https://de.myprotein.com/thezone/training/vorteile-kraftausdauertraining/

Müller, Sebastian, *Dein erster Deadlift – 10 Gründe warum Kreuzheben in jeden Trai
        ningsplan gehört*. Zugriff am 12.3.2018 um 16:34. verfügbar unter:
        https://www.vereinfachedeintraining.com/dein-erster-deadlift-10-grunde-
warum-   kreuzheben-in-jeden-trainingsplan-gehort/

Pauls, J. (2014): Das große Buch vom Krafttraining. München: Stiebner

Trunz, E., Freiwald, J. & Konrad, P. (2002). Fit durch Muskeltraining. Hamburg: Ro-
        wohlt.

Wagner, A. (2001). Übungsklassen im Krafttraining. IQ Athletik – Institut zur
        Trainingsoptimierung. Zugriff am 10.3.2018.
        Verfügbar unter: http://www.iq-
        athletik.de/trainingstipps/wissensspeicher/uebungsklassen_im_Krafttraining.pdf

7 Tabellenverzeichnis

8.2 Tabellenverzeichnis

BEI GRIN MACHT SICH IHR
WISSEN BEZAHLT

- Wir veröffentlichen Ihre Hausarbeit,
  Bachelor- und Masterarbeit

- Ihr eigenes eBook und Buch -
  weltweit in allen wichtigen Shops

- Verdienen Sie an jedem Verkauf

Jetzt bei www.GRIN.com hochladen
und kostenlos publizieren